La grande histoire de mes 4 ans

Écrite par : Karine-Marie Amiot
Illustrée par : Cathy Delanssay

FLEURUS

La Princesse au trèfle à quatre feuilles

À la cour du **Roi de cœur**, on raconte que la Princesse Dauphine est née dans une rose.
On dit aussi que, le même jour, le jardinier a eu un fils, né dans un chou.
« Il s'appelle Tivert. »

« Ma fille épousera un très grand prince »,

s'est écrié le Roi ce jour-là.
« Avec les fleurs, mon fils fera chanter la vie ! »
dit le papa de Tivert.

Dauphine et Tivert grandissent à la cour du Roi de cœur. Assise à son pupitre, Dauphine apprend les lettres et les mots savants. Elle sait compter jusqu'à mille et connaît l'histoire de France.

Dauphine
Robe
Trône
Rose
Couronne
Princesse
Château
1...1000
Carrosse
Reine de cœur
Roi de cœur

Pour ses quatre ans, Tivert reçoit un chapeau de paille

Il connaît le nom des étoiles et toutes les couleurs de l'arc-en-ciel. Le rouge coquelicot, le vert salade et le jaune tournesol.

Il sait parler aux fleurs et aux animaux. Quand il chante, les petits oiseaux viennent se poser sur son chapeau et, sur son passage,

les fleurs ouvrent leurs pétales.

Quand Dauphine et Tivert-chapeau-de-paille jouent ensemble dans le grand potager, Dauphine fait la maîtresse d'école. « Calcul ! Combien font deux fraises et deux cerises, monsieur Tivert ?
– Une tarte ! s'écrie Tivert en lançant son chapeau.

– Et maintenant, combien font deux papillons jaunes et deux papillons bleus ! »

Tivert siffle dans l'air et, comme par magie, quatre papillons dansent la ronde autour de la princesse.

Tivert dit : « Cela fait un bouquet qui vole, pour vous, princesse ! »

Quel poète, ce Tivert !

Eh

Pendant que Dauphine découvre la géographie, l'Afrique et l'Amérique, Tivert prend sa première leçon de plantation. Monsieur le jardinier répète à son fiston : « Mets de la terre dans un pot vide, fais un petit trou avec ton doigt et dépose une graine tout au fond. Recouvre de terre et attends longtemps, des jours et des jours, avant de voir pousser une fleur.

oui !

Une fleur met aussi longtemps à pousser qu'un bébé ! »

Tivert s'applique.
Les pots s'alignent devant l'orangerie.
Dans chaque pot, il met de la terre,
fait un trou avec son doigt, dépose
la graine et recouvre de terre.
Tivert est pressé de terminer
son travail.

« Viens m'aider »,

demande-t-il à Claquette,
son ami le lapin blanc.

Et zou !

Quand c'est fini, Tivert rejoint son papa au verger. Quand ils reviennent tous les deux, vers midi, c'est incroyable : dans chaque pot, une fleur a poussé. Un hortensia dans l'un, une pivoine dans l'autre, des géraniums dans un troisième et

un trèfle à quatre feuilles géant

dans le grand pot du milieu.

« C'est incroyable, Tivert !

s'écrie le jardinier.

Il faut des mois pour faire pousser toutes ces fleurs.» Tivert sourit. Il cueille son trèfle à quatre feuilles et l'agite comme une **baguette magique.**

Il murmure un secret à l'oreille d'un volubilis, grimpe à califourchon sur la tige et la fleur s'envole…

Tivert fait trois fois le tour du potager sur son drôle de tapis volant.
Pic et Poc,
les moineaux, applaudissent.

« Hourra !
Hourra ! »

crie Dauphine de sa fenêtre.

Le jardinier se lisse la moustache :

« Voyons, fiston, est-ce que je rêve ?

– Pas du tout, Papa, répond Tivert très sûr de lui. Un trèfle à quatre feuilles porte bonheur, efface les chagrins et rend la vie plus jolie.

Regarde, Papa ! continue Tivert. Depuis toujours tu aimerais voir couler cette fontaine qui ne chante plus depuis longtemps. Eh bien… »

Tivert agite son trèfle et dit :

« C'est chouette d'entendre couler les fontaines… Chante fontaine ! »

L'eau se met à couler, quelques gouttes d'abord et puis plus fort… Le jardinier n'en croit pas ses yeux. Il prend de l'eau dans sa main et dit :

« Tivert, je bois à ta santé !

Avec ton trèfle, tu rends la vie plus jolie ! »

Les jours passent.
Un matin, Tivert est réveillé par le Roi de cœur lui-même : « Tivert ! Ma fille a été piquée par la reine des abeilles qui l'a empoisonnée. Elle dort d'un sommeil étrange. Personne n'arrive à la réveiller.

Viens vite !

J'ai si peur de la perdre… »

Quand Tivert arrive devant le lit de la princesse, Dauphine ne bouge pas. Elle est pâle comme la neige. Tivert agite son trèfle. Et une abeille entre par la fenêtre.

« **Au secours !** crie le Roi.
Au secours ! C'est elle, l'abeille qui a empoisonné ma fille ! »

L'abeille vient se poser sur la main de Tivert qui lui murmure un secret à l'oreille.

« Bzzzzzt », lui répond l'abeille.

« Les abeilles se plaignent de ne pas avoir assez de fleurs à butiner pour faire leur miel. »

Tivert se tourne vers le Roi de cœur :
« Pour sauver votre fille, je dois connaître une formule magique.
La reine des abeilles ne me la donnera que si un immense champ de lavande entoure votre château. »

« **Un champ de lavande !** s'écrie le Roi.

Mais il faudra des années pour le faire pousser
et d'ici là, ma fille sera morte… »
Tivert se penche à la fenêtre et agite son trèfle.
En un instant, tout autour du château, des fleurs
de lavande ondulent sous le vent et un délicieux parfum
vient chatouiller les narines du Roi.
Vite, la reine des abeilles, dit son secret.
Tivert se penche sur la princesse, agite son trèfle
en murmurant la formule et… Dauphine ouvre les yeux :

« **Merci, Tivert.
Avec toi, j'aime tellement la vie !** »

Le lendemain, Tivert reçoit une lettre :

Je t'aime

Si tu veux,
cet été,
nous nous
marierons !

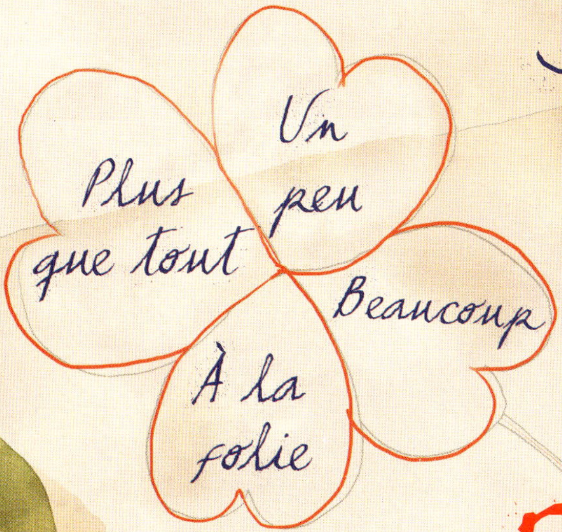

Dauphine

C'est ainsi qu'au milieu des fleurs, la princesse Dauphine épousa Tivert, le grand prince jardinier.

Dauphine devint la Princesse au trèfle à quatre feuilles.

Et tous deux, ils eurent de la chance, tous les jours de leur vie.

Je suis une fille

Mon nom

Ma taille

Mon animal préféré

Ce que je veux faire quand je serai grande

Ma famille

formidable !

Ma couleur préférée

Ma signature

Ma date de naissance

Mon empreinte digitale

Ma photo

Mes rêves
les plus grands

Mon premier
voyage

Ma chanson
préférée

Le sport que
je pratique

La blague qui me fait le plus rire

Mon livre préféré

Les prénoms de mes copines

Mon dessin animé favori

Ce que j'aime manger

Mon arbre préféré

Édition : A Cappella Création

Site : www.editionsfleurus.com
ISBN : 978-2-2150-4761-2
N° d'édition : 08013

«Loi n°49-956 du 16 juillet 1949
sur les publications destinées à la jeunesse.»
Achevé d'imprimer en décembre 2007 par Stige
Dépôt légal : Janvier 2008